AF262415

n.º 27/19283.

LE PASSAGE A STRANGLAMINI,

ORNÉ

DU SÉJOUR DE DIX ANNÉES,

PUBLIÉ

PAR LA TROMPETTE DU SEIGNEUR.

SIMPLE ÉBAUCHÉ.

PAR Mme SOPHIE T.

Prix : 50 Centimes.

NIMES,

IMPRIMERIE DE Mme VEUVE GAUDE,

BOULEVART SAINT-ANTOINE.

1846.

DISCOURS AU ROI DE FRANCE.

Grand et illustre roi de France, c'est dans un jour
glorieux qu'un de vos sujets s'approche de votre di-
gnité pour y prononcer son dévoûment respectueux,
et va se permettre de dire, peut-être, un seul mot
qui puisse vous plaire. Autant grand roi votre émi-
nence est grande, autant le sont mes infortunes ;
votre si belle âme voudra bien s'attendrir en faveur
d'une conscience poursuivie qui réclame votre appui,
et je verrai à cet effet distiller cette liqueur enchan-
teresse qui opère de si belles choses. De même que
notre Seigneur vous n'exigez pas.... dans le sexe
opprimé, la présence du bonheur, mais plutôt le
lustre du malheur et l'éclat du faible talent, touche, pénètre votre cœur humain ; vous sont agréables les créatures qui font des efforts constants pour approcher de
ce qui est beau, grand, sublime étant toujours
fixé sur le parfait modèle de votre emblême méri-
toire, et cherchant à se revêtir de la bonne foi et
de la saine morale, expose son idole à vos pieds ;
que ne puis-je encore voir luire, sur votre tête sa-
crée, cette couronne splendide dont vous relevez le
vif éclat par vos belles vertus ; que ne puis-je m'hu-
miliant devant vous à l'aspect de votre divine présence, dire, du fond de l'âme, je vous rends graces
de ce qu'il vous plait m'accorder l'image de votre
céleste présence, digne duc d'Orléans ; ô vous dont
la couronne plus brillante que l'astre du jour, an-
ticipez, dans le ciel, l'introduction de votre famille
entière, vos traits brillants de victoire qui pronon-
cent des choses incompréhensibles qu'on ne peut
sonder rayonnent de joie et de bonheur, en voyant
la veuve, la victime s'approcher de votre digne père;

en renouvelant vos vertus ; que le cantique de sainte harmonie et de bénédiction retentisse en cet instant par un nouvel accord , que votre voix angélique donne à connaître que dans vos lieux saints mon cœur vous est plus parfaitement connu ; planez dans les régions , fertilisez les œuvres de bienfaisance par votre grand souvenir. Digne roi , source pure que le Tout-Puissant soutient d'une manière si visible sur le trône de France , que ne puis-je posséder tous les dégrès de force pour tracer un si bel écusson , cette plume de sentiment et de feu qui ne doit s'é-mousser , implore le Tout-Puissant de reposer à vos pieds au-delà du trajet décompositif, où je dois être introduite par l'effet de votre bonté toute-puissante. Grand ormeau de pressentiments et de bonheur qui aidez à supporter les grands maux ; ô vous dont les branches épaisses abritent d'infortunés voyageurs , desséchés , fatigués des injustices du monde , bienfaiteur de la terre ô mon roi, voir votre noble face , et puis disparaître du monde , d'un théâtre où la justice n'est qu'un vain mot , d'un théâtre ou l'ostrogoth fond sur le sexe , sans craindre l'opposition d'un secours , d'une voix humaine ; d'un théâtre où les habitants inhumains , s'arment comme d'une lame de fer , et l'enfoncent dans le sein du plus faible ; d'un théâtre où ces mêmes individus ne sont pas exempts de s'induire de faiblesses à la voix du vil commérage ; d'un théâtre qui ne serait que confusion , trouble , dévastation complète sans le souffle de cette force majeure , juste empreinte du type de l'humaine perfection de toutes les vertus évangéliques , morales , religieuses , représentées sous la forme royale , qui se prononce , se distingue et se fait connaître par une couronne splendide dont l'éclat immortel transperce de respect toute créature venue au monde et digne de porter ce nom, et surtout capable de sentir les grandes faveurs que

Dieu nous présente sous ce portrait sacré. Honneur et gloire au courage magnifique du grand Élu qui expose sa vie pour la sûreté du royaume et le bonheur de ses sujets, voici c'est à votre aspect royal que toutes les vertus se renouvellent de vigueur, votre impression produit les plus beaux mouvements , la symphonie produit ces beaux accords et nous transporte auprès du divin fondateur des règnes. J'aborde ma digne et incomparable reine ; vos braves généraux , ces fils chéris, dignes héritiers d'un monarque accompli, qui, par une profession non étonnante , nous font apprécier cette splendeur de gloire digne des premiers princes du sang ; à la tête de quelques officiers remplis de zèle, s'environnant de lauriers , font retentir la France de leur noble valeur , fixent notre attention en faveur de cette jeunesse brillante , et nous ramènent au désir sincère de les voir atteindre ces époques reculées , autant pour le bonheur de la belle patrie que pour récompenser leur noble mérite.

Je termine ma lettre en soumettant, à vos pieds, l'hommage de mon parfait dévoûment. Honneur et gloire à la famille royale.

DIX ANS A STRANGLAMINI.

—

Je mets la main à la plume pour tracer mon passage et mon séjour à Stranglamini. Je voudrais bien en faire l'éloge et de cet espoir je me suis long-temps bercée, réduite à y mendier le droit, comme victime du siècle , j'y ai imploré nombre d'années le droit et l'équité , j'ai développé diverses matières propres à émouvoir les âmes les plus dures , et je le dis avec regret, je n'y ai point obtenu cette amélioration, cette bienfaisance qui émane des vrais disciples du Christ ; quoique, cependant, on m'a forcée à payer une grande rançon , grace soit rendue à la providence, mère nature , l'assiduité au travail, la retraite , mon panier et les voyages ont été les seules armes qui m'ont soutenue dans un combat horrible , où les assistants ont été de froids inspectateurs , accablée de secousses , des persécutions infâmes ont pénétré ma paisible demeure , et enfin on m'a accablée de frais énormes. Ballottée sur une route tantôt de jour , tantôt à minuit , encouragée par le devoir et l'amour maternel , j'ai bien appris à connaître jusqu'où était capable d'aller la dureté du siècle ; je me suis souvent présentée à la porte de Estranglamini à pied , sans avoir rien pris. Toujours sera présent à l'esprit ce jour où il fallait compter une somme injuste ou bien payer de la vie, quelle horreur ! Réfugiée dans la cour arbitraire , j'allais presque me débarrasser de la vie , mon pardon fut à Dieu , mais je n'avais pas encore assez souffert. Je vous sommai donc à venir recevoir les espèces qui vous furent comptées chez un vil notaire qui , associé bassement au commérage d'une mauvaise femme m'a bien fait du mal , on vous vit alors sortir rayonnant de joie avec le sac d'argent que vous aviez de la peine à traîner ; les gens distingués répétaient voilà les deniers de la victime, l'argent du crime ; immédiatement après cela , vous m'avez fourni , comme pour vous amuser , un nouveau procès, dites-vous ridicule , mais que vous avez accueilli ; atrocité révoltante quand vous auriez dû repousser cette préméditation visible de larcin , près de vous beaucoup de salut, un demi-sourire serré , des mots accouchés sous enveloppe mais pas un brin de justice. Vous vous êtes plu à remettre sous les yeux ces époques cruelles où sous une domination tyrannique j'entendais répéter : « Je trouverais bien le moyen de vous dépouiller de votre champ maternel ; » j'étais bien loin de présumer alors que Estranglamini fournirait d'aide et de secours à un projet si infâme. Pauvre femme! Est-ce que l'humanité stranglaminienne n'a pu frémir à l'aspect d'une victime qu'elle avait déjà dépouillée sans ménagements; grace aux longueurs, aux injustices, je suis réduite au quart de mon héritage maternel, mon pain légitime envahi et disputé 10 années entières, et puis on parlera de civilisation quand le faible est appelé à perdre ses droits, et qu'il existe une tolérance à toute épreuve pour la mauvaise foi, la contagion dans tout son jour. Vous est-il donc permis de fouiller dans les entrailles de la femme, de la détrousser en guise de force sans même lui demander la permission; je demande si, à Estranglamini, il y a des âmes entourées de sentiments de la nature, environnées d'une femme et d'enfants, et s'ils voudraient les voir à la merci d'une injustice estranglaminienne; je dis encore seriez-vous sûrs que tous ces êtres que vous affectionnez fussent capables de présenter une belle conduite et un courage propre à supporter, dignement et sans se dégrader, tant d'horreurs. Pour prix de cette rétribution miraculeuse, je dois prémunir la postérité, des dangers qu'on trouve à Estranglamini, que ne puis-je, oh douleur! leur annoncer une seule chose favorable... Mais pour rendre hommage à la vérité, je dirai qu'en dernier lieu et après tous mes sacrifices... J'ai aperçu en frémissant comme une même corde qui semblait se réunir sourdement dans le dessein de m'enlever la chétive part qui avait échappé au naufrage, voulant me l'enlever par le moyen de la faim, fermant hermétiquement leurs oreilles et leurs cœurs à mes cris redoublés, à mes plaintes si légitimes. Je leur dirais encore perdriez-vous un seul instant de vue cette grande maxime : « Encore un peu de temps, et puis vous serez couchés dans le sépulcre, et votre tête deviendra le repaire des grosses couleuvres, qui, par leur instinct rusé, chercheront le coin le plus défectueux pour s'y blottir ; un peu de temps, et cette âme qui ne s'est point émue aux cris de l'orpheline, qui aura restreint ses beaux mouvemens de pitié sera appelée en une présence redoutable, subira une transformation subtile, l'arrêt d'être ballottée dix années entières, comme les victimes le sont ; fera de vos nuits de repos et de bonheur, des nuits agitées et ténébreuses comme celles que vous me fournissez, et vous aurez beau crier, tout sera inaccessible, se fesant un jeu de votre état comme vous faites aux autres ; hé mon Dieu ! il sera bien temps... que la victime prenne un peu place à vos festins et à vos joies, et vous invite à prendre un peu la sienne ; le bel astre du soleil ne brillera pas toujours sans sentir le remords rongeur ; vous sera quelquefois présent ce tableau frappant de cette pauvre orpheline vous suppliant dix années consécutives de lui rendre justice, détachant de son cou dans son désespoir un trésor, ce gage précieux et sacré, héritage d'une mère adorée, jusqu'à vous en faire le sacrifice avec larmes et priéres, et malgré ce don propre à amollir les pierres, et malgré tant de preuves ne voit luire une étincelle de droit de votre part ; oh, barbarie qui aura peine à se reproduire ; oh, vous, premiers des mortels, en qui j'ai l'honneur de me confier, entendez ma voix, c'est celle de l'âme et du sang ; qui croirait jamais que la terre est un lieu où on a tant de la peine à y rencontrer l'humanité, le mérite ; puisse, l'expérience cruelle que j'en fais, prémunir les créatures contre le danger qu'on trouve à Stranglamini est le but de mon écrit. Si horriblement victime, pouvais-je espérer de la part des hommes que je regardais comme les premiers des mortels, de ressentir la douleur de leurs dents jusqu'à la moelle des os. Belle âme qui après avoir considéré les débris d'un raffinement de duperie inouïe, s'est écriée pauvre Dame, vous avez été assassinée.

Oui, c'est vrai, lui ai-je répondu, je me suis vue
exposée au milieu d'un cirque, en butte à une horde
de chiens enragés, entourée de froids spectateurs,
intéressés à ce que je fusse victime ; ils se sont fait
une horrible justice de m'ôter de dessus le dos ma
tunique légitime, ils m'ont enlevé l'arme divine de
la main, présent du Seigneur ; les efforts de l'éloquence ont été méconnus, et les cris, sacrifices
ont triomphé, je me suis vue encore ôter des mains
cette liqueur fortifiante qui aidait à me soutenir ;
voilà de la manière qu'on traite la femme à Stranglamini, le vice y triomphe, et les assassins y trou-
vent des protecteurs ; où est donc cette humanité,
cette religion qui est tant proclamée au milieu des
hommes.

A STRANGLAMINI.

Venez voisin quel que soit votre titre,
Et votre nom, et vos mœurs et vos faits,
De vos défauts nous en serons l'arbitre,
C'est pour voler que les hymens sont faits ;
Ce vil commerce en vaut toujours un autre,
Sieur Stranglamini en tire un grand tribut,
Approchez-vous nous serons des apôtres
Tous réunis pour accomplir le but.

Oh ! que d'adresse nous voyons dans vos vices,
Rien n'y paraît, et l'affaire ira bien,
Et votre femme, tenue dans les supplices
De nos détours, payera de son bien ;
Nous y aurons une portion entière,
C'est excellent, nous atteindrons le but,
Et nous ferons d'une telle manière
De la justice nous ceindrons l'attribut.

CHŒUR.

L'orgueil chez nous rend toujours insensibles ;
Nous fumes enfants, et nous sommes mortels,
Et si par fois nous sommes inflexibles
Nous sommes nuls aux pieds des grands autels ;
Notre Seigneur, humilité chrétienne,
Nous a laissé un modèle accompli,
Chez Estranglamini est une âme païenne
En forme mince et pleine de replis.

AU GÉNÉRAL FEUCHÈRES.

Vous voici grand français, de la revue, le père,
Le luth vient répéter le nom de la Feuchère,
Le séjour qui nous voit répandant sa douceur
Se relève d'éclat comme une belle fleur.
Le jour de la revue sur un cours de la France,
Le militaire en paix, et gardant le silence,
Désirait de revoir l'éclat de cette fête,
Le poète en silence, au son de sa musette,
Chérissait le moment où la voix de l'armée
ranimait son pinceau et doublait sa pensée ;
Guidée par ce désir vers la porte du Louvre,
Le vers de l'arrivée veut que la porte s'ouvre
Car pour s'évertuer et régler son compas,
On approche constants en modelant ses pas.
Quand l'hydre du mois d'août redouble sa furie,
Regardant la valeur on humecte la vie,
Si quelques noirs forfaits présente le dictame
A l'image du ciel on doit retremper l'âme,
En attendant du mal le système abattu
On approche du zèle auprès de la vertu ;
Chérissant la clarté d'un système nouveau,

Grimpant en travaillant pour sortir du tombeau.
Tantôt , autour du trône de ses nobles enfants ,
Je redis leurs exploits d'un cœur toujours constant ;
Et dans l'isolement , sous la lampe divine ,
Je me plais à chanter une action divine.
Sur la grande avenue j'aimais à balancer
des vers qui , sous la main , aiment à se retracer ,
Pour la première fois je voyais sa beauté ,
Et un ange ingénu avec fertilité
Vint réjouir mon cœur , l'effleurant comme l'air
Et disparût alors , aussi prompt qu'un éclair ;
J'entendis une voix , demain , d'une grande heure ;
Tu dois les révéler au sein d'une demeure ; .
Est-il donc des miracles ? je dis d'un ton surpris ;
Il dit oui de voix forte , j'admire son Esprit ;
De l'accomplissement de sa parole sainte ,
Je viens vous présenter mes vers sans nulle crainte ;
De votre beau retour vous faire compliment
Et de l'amour des chefs de tout le régiment.
Développer ici l'effet plein de tendresse ,
Qu'ils vous ont tant de fois fait goûter la promesse ;
Vous dire que le Dieu qui vous fait rajeunir ,
Veut aussi de nos vœux les élans réunir.
Est vrai , on voit aussi que votre parchemin
D'une route adorable embaume le chemin ,
Puisse le roi des rois qui guide votre vie
Et qui conduit vos pas par le roi du génie ,
Continue sur vous la grandeur de ces dons ,
Et que de vos bienfaits tous les soupirs profonds
Répandent des lueurs purifiant le monde ,
Sur le sentier chéri qui répète à la ronde ,
Venez , voir ce héros dans un aspect pompeux ,
Désirons que son sein couve long-temps ses feux.

A M. LE COMMISSAIRE DE POLICE EN CHEF.

Que cette enceinte est vaste comme elle est imposante ,
J'y vois le commissaire et sa force puissante ;
Le jour de l'audience chacun est entraîné ,
De sa noble présence le cercle , environné ,
Attendent la justice que ce chef se propose ,
Voir paraître le lot que son zèle dispose ;
Chacun voudrait parler , le débat prend sa place ,
Pierre veut avoir droit , Jean fait une grimace ,
Est quand le commissaire se montre glorieux ,
A chacun d'admirer son maintien gracieux ;
Tout respire de l'ordre ce champion de justice ,
Est bon et généreux sous ses pieds la malice
Revient toujours captive pour faire place au droit
Il n'est point d'homme tel dans un petit endroit ,
Par moment il est chef , puis père respectable ,
Il anime d'exemple , son air est redoutable ,
Et quand auprès de lui on se plaint d'attentats ,
Par son génie adroit il raffermit l'Etat.
Il abhorre le mal , et sa vive lumière
Enrichi de filets tous les jours sa bannière ,
Je crois que par mille ans on compterai par cent
Quelques bons commissaires entourés de sergents ;
Un jour la voix divine tonnera avec grace ,
Disant j'aime le cœur protecteur du Parnasse ,
Venez , que nos poètes avec la harpe d'or ,
Vous feront à ma droite établir votre essort.
Oh ! quand je vous verrai aux demeures célestes ,
Ma muse sympathique , avec d'autres orchestres ,
Chantera les louanges d'un chef avec transports
En leur disant un jour sur un funeste bord ;
Je traînai tous mes chants dedans votre retraite
En fuyant le mondain pris de vous le poète ,
Par le secours de l'art donna l'explication ,
Ha donc daignez bénir, de mes vers , l'onction.
Hé quoi ! est-il donc vrai que dans un grand système ,
Mesurant vos discours et posant un grand problême ;
Et que votre talent exposé avec calme ,
Proclame hautement sous une belle palme ,

Que sur vous doublement une lumière éclaire ;
Qui vous fait terminer une œuvre toute entière.
Quel don impérieux , seulement un accent,
Fait du tumulte affreux un calme tout-puissant ,
Où le juste est tranquille, le méchant dans la crainte ,
Celui qui est coupable a la mine contrainte ,
Innombrables vertus , d'un mérite parfait ,
Chacun doit vous aimer chantant votre bienfait.
L'Etat qui vous connaît d'une manière utile ,
Des traits qui vous distinguent en embellit la ville ,
Recevez , dans ce jour , pour prix de vos services,
Cette pointe d'épée qui calma mes supplices ;
Oh chef tout respectable , autorité de Nîmes ,
C'est sous vos oripeaux que je soumets la rime ,
Se range avec l'espoir de voir finir son mal
Et cueillir de la reine un regard amical ,
Donnant la symphonie de la leçon pratique ,
Par une volée d'anges j'aborde le portique ;
Couronnant chacun d'eux , sur l'aile du zéphir ,
Je reçois , de chacun , l'impression d'un soupir.
Du foyer de douleur , fuyant en espérance ,
J'ai soutenu mon sort avec persévérance ,
Chérissant le mérite constante à mes travaux ,
Je soumets à vos pieds le fruit de tous mes maux.

A MON PANIER.

Mon panier , doux ami , compagnon de voyage ,
Ange qui me soutient , de Dieu précieux gage ,
Argument de mon cœur , disciple de ma foi ,
Clarté de mon esprit , dictateur d'une loi ,
Témoin consolateur de mon tourment secret ,
Ta anse est tissue d'or , ton cœur est sans regret ,
Ton sein est palpitant recevant mon offrande ,
Tu es toujours constant , jamais tu ne commande.
O compagne chérie dénuée de tout vice ,
On ne voit point chez toi le masque d'artifice ,
Tu est naïf et simple , tu sais me soutenir ,
Et au champ de l'honneur tu me fais parvenir ;
Pardonne doux ami si , un jour de tristesse ,
Je t'avais déposé non pas chez la noblesse ,

Mais bientôt au château par un genre cppposé ,
Je reçus un accueil digne d'être exposé ;
Loin de toi , quelle nuit ! mon cœur tout en alarme
Semblait le militaire , à qui on a pris l'arme ,
De ton reproche amer j'entendais la voix forte
Disait-tu moi qui seul t'ai donné la main-forte ,
Moi fidèle gardien qui t'aime quand tu dort ,
Aller m'abandonner à ce bizare sort ,
Et Exposer mon sein à une humeur curieuse
De se voir feuilleté d'une main ennuyeuse ;
Si tu pouvais savoir , toi qui sait pénétrer ,
Comme je t'en voulais de m'avoir fait entrer
Dans un lieu où j'avais toujours la bouche close ,
Et n'étais point couché sur un lit à la rose.
Tes vers que je portais comme fanal brillant ,
Préparés des tournures et des morceaux saillants ,
Et surtout te punir par de grandes alarmes
D'avoir pu déposer un seul instant tes armes ;
Oh suspent , mon panier , tes paroles d'un frère ,
La paupière s'humecte à ton accent sévère ,
Je goûte le nectar de ta naïveté ,
De ton attachement voilà la vérité.
Oh quelle grande faute je commis en ce jour
D'avoir pû m'écarter du fruit de mon amour ,
Mes vers sont un fanal d'une vive lumière ,
Ils me tracent une route renversant la barrière ,
Ils distinguent l'ami d'avec les curieux ,
Ils donnent au panier l'éloge impérieux ;
Panier , voilà ma main , prend ta place à mon bras ,
Ne nous séparons plus au milieu des combats ,
Et que plus désormais au milieu d'une horde
Ne vienne jusqu'à nous la voix de la discorde.

━━━━━━━━◆━━━━━━━━

A MONSEIGNEUR L'ÉVÊQUE DE NÎMES.

—

Novembre , dix-sept , quelle belle journée ,
Salut ? épiscopal , brillante matinée ;
Aurore , de ton lustre , ranime le flambeau ,
Réjouis Monseigneur par un bienfait nouveau ;
Près de cet élu saint , une grande éloquence

Est de savoir se taire , d'admirer en silence ;
Et d'écouter le bruit de la douce rosée
Qui captive de l'âme la plus noble pensée.

A L'AURORE.

Dis-lui que sa vertu constante, salutaire ,
Remplit le cœur de joie , humecte la paupière ;
Dis-lui que l'âme aux prises à Stranglamini ,
Reconnaît le mortel que l'Eternel bénit ,
Dis-lui mon doux écho que cette âme sensible
Expose de son Dieu un accent doux , flexible ,
Qu'il chérit le portrait du bienfait du Très-Haut
Et que de son image ébauche le tableau.

INVOCATION.

O Vierge , ô doux Jésus , ô saints de tous les âges,
Redoublez vos accords par des heureux présages ,
Ranimez votre lyre des sons hamonieux ,
Tressez une couronne pour un saint religieux.

A MONSEIGNEUR.

Si de vous révérer d'une grande mémoire ,
Dans le plus saint repos je tisse votre gloire ,
Des anges qui voltigent m'invitent à chanter
Par principe d'honneur , de gloire à la postérité ,
Le pinceau , tout puissant , sur vos traits magnanimes ;
Epuise sa beauté tous ces trésors sublimes ,
Ce beau miroir de l'âme , à son premier aspect ,
Imprime la vrai foi , commande le respect ,
Modèle de Jésus , votre mission auguste
Est un type sacré qui se transmet au juste.

ÉLOGE DU MÉRITE.

Oh jours cent fois aimable , où l'instinct précieux ,
Me fit venir saisir votre aspect gracieux :
On vous juge d'abord armé de connaissances ,
Et bientôt votre accent produisit des essences
Qui juge l'infortune par sa noble douceur
Et semble dire à Dieu d'en blanchir sa noirceur.
Le Dieu qui vous élut par la bonne nouvelle ,
Vous orna d'un beau titre comme un parfait modèle ,

Et ce tendre intérêt, qui vous a pénétré,
vous dit, c'est un élu que le ciel a formé.
Dans un lieu retiré au grand emploi propice,
Le sage y fait toujours son excellent délice ;
C'est là que recueilli, savoure les douceurs
D'être toujours à Dieu perfectionnant les mœurs.
On voit chez vous l'honneur d'un séduisant empire,
Oh qu'un pinceau est faible pour pouvoir vous décrire,
Vous êtes le courrier du plus beau des accents
Les plus tendres accords se produisent naissants ;
O vous qui habitez dans une route obscure,
Montrez-vous à l'éclat d'une vive peinture,
Approchez que le charme d'un champ fertilisé
Pénètre votre esprit et le rende embrasé.
Au delà de ses yeux il y a des sentiments
Qui traceront bien mieux ce que l'âme ressent,
Que ne puis-je être née pour chanter la grandeur
D'accomplir le beau chant qui ferait mon bonheur.

A l'heure de minuit, mon aïeul pacifique,
Evita de tracer le nom de despotique,
Et voyant sans effets ces paroles sans feinte,
Il embrassa sa croix par de vives étreintes.
La main sur son bouclier, animé d'un vrai zèle,
Vers le portail du Louvre, il développe l'aile ;
S'avançant avec grace d'un pas toujours égal,
Il dépose l'épée près du centre royal.

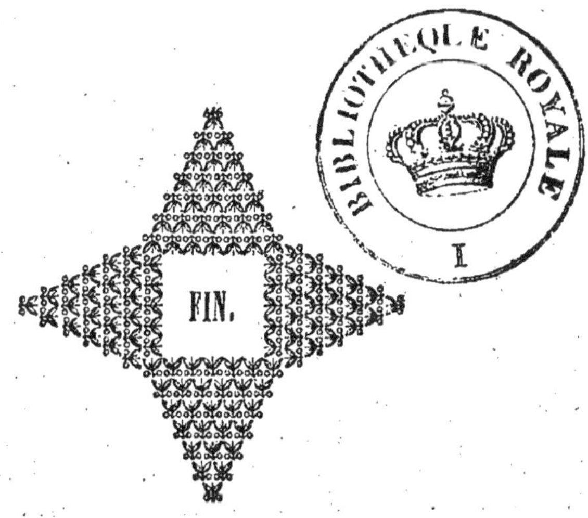